TENEMOS CARÁCTER

YO MUESTRO UN BUEN ESPÍRITU DEPORTIVO

CHARLOTTE TAYLOR

TRADUCIDO POR CECILIA GONZÁLEZ GODINO

Gareth Stevens PUBLISHING

Please visit our website, www.garethstevens.com. For a free color catalog of all our high-quality books, call toll free 1-800-542-2595 or fax 1-877-542-2596.

Cataloging-in-Publication Data
Names: Taylor, Charlotte.
Title: Yo muestro un buen espíritu deportivo / Charlotte Taylor.
Description: New York : Gareth Stevens Publishing, 2021. | Series: Tenemos carácter | Includes glossary and index.
Identifiers: ISBN 9781538260951 (pbk.) | ISBN 9781538260975 (library bound) | ISBN 9781538260968 (6 pack) | ISBN 9781538260982 (ebook)
Subjects: LCSH: Sportsmanship–Juvenile literature. | Conduct of life–Juvenile literature.
Classification: LCC GV706.3 T39 2021 | DDC 175–dc23

Published in 2021 by
Gareth Stevens Publishing
111 East 14th Street, Suite 349
New York, NY 10003

Translator: Cecilia González Godino
Editor, Spanish: Natzi Vilchis
Designer: Sarah Liddell
Editor: Megan Quick

Photo credits: Cover, pp. 1, 7 Monkey Business Images/Shutterstock.com; background throughout Igor Vitkovskiy/Shutterstock.com; p. 5 George Doyle/Stockbyte/Getty Images; p. 9 imagedb.com/Shutterstock.com; p. 11 Brocreative/Shutterstock.com; p. 13 Yuriy Golub/Shutterstock.com; p. 15 stockfour/Shutterstock.com; pp. 17, 19 SDI Productions/E+/Getty Images; p. 21 Suzanne Tucker/Shutterstock.com.

Printed in the United States of America

Some of the images in this book illustrate individuals who are models. The depictions do not imply actual situations or events.

CPSIA compliance information: Batch #CS20GS: For further information contact Gareth Stevens, New York, New York at 1-800-542-2595.

CONTENIDO

Las palabras del glosario se muestran en **negrita** la primera vez que aparecen en el texto.

Juega con deportividad

¡A todos nos gusta ganar! Pero jugar limpio puede ser más importante que ganar. El espíritu deportivo no es solo para los deportes. Siempre que trabajemos o juguemos con otros debemos mostrar respeto y ser justos. ¡Si juegas con deportividad, siempre serás un ganador!

Párate y escucha

El juego de béisbol está a punto de comenzar. El **entrenador** ha reunido a todo el equipo para decirles cómo deben jugar y darles algunos consejos importantes. Los jugadores escuchan atentamente. Demuestra tu espíritu emprendedor escuchando siempre.

Aprende a ganar

Nate estaba jugando al **ajedrez** con su hermana y ganó la partida. Su hermana estaba disgustada, así que Nate le dijo que había jugado muy bien. No se rio de ella por perder. Demuestra tu espíritu emprendedor ganando con **gracia**.

No pasa nada por perder

James y Zion jugaron un partido de fútbol y su equipo perdió por un punto. Los dos estaban muy **decepcionados**, pero, después del partido, hablaron sobre cómo jugarían el siguiente partido y se sintieron mejor. Demuestra tu espíritu deportivo aprendiendo de las derrotas.

Juega en equipo

Robert tenía que hacer un trabajo en grupo para la clase de **Ciencias**. Cada miembro del grupo tenía su tarea. Robert hizo su parte y también ayudó a los demás. Todos trabajaron en equipo. Demuestra tu espíritu deportivo cumpliendo con tu rol.

Ofrece tu ayuda

Brandon estaba corriendo una carrera en la clase de Educación Física. Entonces, el chico que corría a su lado se tropezó y cayó al suelo. Brandon se detuvo y le tendió su mano para ayudarle a levantarse. Demuestra tu espíritu deportivo ayudando a los demás.

Haz lo correcto

Charlie iba a jugar al balón con sus amigos mientras su familia ayudaba en la venta de garaje del vecindario. Entonces, su mamá le pidió que se quedara a ayudar y Charlie accedió. Jugaría al balón después. Demuestra tu espíritu deportivo contribuyendo sin **quejarte**.

¡Choca esos cinco!

El equipo de Shaina perdió el partido de fútbol. Estaban tristes, pero chocaron las manos del equipo contrario diciendo: "¡Buen partido!". Ganes o pierdas, demuestra tu espíritu deportivo tendiendo o chocando la mano de tus adversarios tras el partido.

Anima a tu equipo

Tim se lesionó el pie en un entrenamiento de baloncesto y no pudo jugar el partido al día siguiente. De todas formas, fue al partido y **animó** a su equipo. Demuestra tu espíritu deportivo **apoyando** a tu equipo aunque no vayas a jugar.

GLOSARIO

ajedrez: un juego de dos jugadores en el que se mueven 16 piezas alrededor de un tablero siguiendo unas normas determinadas.

animar: gritar palabras de aliento o de motivación para lograr que alguien se sienta más seguro y esperanzado.

apoyar: animar y apoyar.

Ciencias: asignatura que estudia la forma en que las cosas funcionan y el lugar que tienen en el mundo.

decepcionado: que se siente triste o infeliz.

entrenador: alguien que enseña a una persona o un equipo en un deporte o actividad.

gracia: una forma amable y educada de comportarse.

quejarse: hablar o escribir sobre no estar contento con algo.

PARA MÁS INFORMACIÓN

LIBROS

Graves, Sue. *I Want to Win.* Minneapolis, MN: Free Spirit Publishing, 2017.

Smith, Bryan. *If Winning Isn't Everything, Why Do I Hate to Lose?* Boys Town, NE: Boys Town Press, 2015.

SITIOS DE INTERNET

How to Be a Good Sport

fugazi.kidshealth.org/en/kids/good-sport.html?WT.ac=p-ra

Descubre consejos para aprender a perder y a jugar con deportividad.

Practice Being a Good Sport

www.pbs.org/parents/crafts-and-experiments/practice-being-a-good-sport

Descubre actividades divertidas que puedes hacer con tus padres para aprender el valor de la deportividad.

Nota del editor a los educadores y padres: nuestro personal especializado ha revisado cuidadosamente estos sitios de Internet para asegurarse de que son apropiados para los estudiantes. Sin embargo, muchos de ellos cambian con frecuencia, por lo que no podemos garantizar que contenidos que se suban a esas páginas posteriormente cumplan con nuestros estándares de calidad y valor educativo. Les recomendamos que hagan un seguimiento a los estudiantes cuando accedan a Internet.

ÍNDICE